CHRISTIAN FEDAK

LE LANGAGE IMPARFAIT

poésie

© 2024, Christian Fedak

Édition : BoD · Books on Demand GmbH,
In de Tarpen 42, 22848 Norderstedt (Allemagne)
Impression : Libri Plureos GmbH, Friedensallee 273,
22763 Hamburg (Allemagne)

ISBN : 978-2-3225-5325-9
Dépôt légal : Décembre 2024

DU MÊME AUTEUR

Éditeur Bod Books on DEMAND

Passages poétiques
Le ballon sur le toit
Les chemins d'en haut
Plaisir de plume

L'écriture est une incarnation imparfaite
de nous-mêmes, comme le disait Victor Hugo :
« Les mots manquent aux émotions ».

Pauvres mots. Il y a des émotions, des pensées qui ne peuvent suffisamment se dire ni s'écrire.

LE LANGAGE IMPARFAIT

Comment dire cette paix ?
Comment dire ce silence
Quand en fin de journée
Les choses perdent apparence ?

Quels mots, quelles phrases,
Pour dire comment la bise
Se couche sur l'herbe rase
Quand la lumière se brise ?

Avec ce langage imparfait
Qui s'est fixé dans ma tête,
Comment être satisfait
Pour dire les beautés secrètes ?

Pour une femme d'Iran qui a voulu braver les tyrans.

AU-DELÀ DU FOULARD

Ce n'était qu'un frison,
Une mèche rebelle,
Un petit rien sur son front
Qui la rendait belle.
Pour des cheveux au cou
Elle a provoqué le courroux
De quelques fous
Aux aguets des tabous.
Ce n'était qu'un frison,
Une boucle au vent
Qui l'emmena en prison
Comme on le fait d'un brigand.
Ce n'était qu'un frison,
La raison d'un pouvoir
Jouant du bâton
Pour des desseins illusoires.

Il est dans les bibliothèques, il est au cinéma.
Il est dans l'art.
Il est celui dans lequel on pourrait se perdre.

AMOUR ÉPERDU

Tu es dans la seconde qui vient
Dès mon réveil au petit matin,
Et dans toutes les autres aussi
Qui vont faire mon aujourd'hui.

Et dans le silence qui passe,
Dans le charivari des rues,
Tu es dans la moindre impasse,
Tu es mon regard dans les nues.

Tu vas là où je vais, où je suis,
Où que soit l'ombre tu luis.
Entre les gens je te rêve
Jusqu'à ce que le jour s'achève.

Tu es ma respiration, mon essor,
L'infime particule de mes envies,
Et qu'importent les affres de la mort,
Tu es dans mon âme à l'infini.

C'était un jour comme un autre, où je marchais
dans les allées bordées de marbre.

À MON PÈRE

Il est venu se reposer
Du poids des vicissitudes,
Du temps accumulé
Et aussi des servitudes.

C'est une étrange solitude,
Entourée comme jamais,
De silence, de quiétude,
Dans les passages accoutumés.

Il est venu déposer son histoire,
Comme un livre fermé,
Derrière l'effigie d'ivoire
Au cadre doré.

Mon regard dans l'âtre me fait penser aux instants ultimes.

DANS LE FEU

Tu passes dans le feu,
Sans mal, sans brûlures,
Et c'est ton dernier lieu
Avant le chemin vers l'azur.

Aussi léger que le vide,
Plus clair que la lumière,
Avec l'espace comme guide
Tu quittes la matière.

Plus de bornes ni de mesures,
Tu vas à travers les flammes
Là où il n'y a plus de futur,
Où tu ne seras plus qu'une âme.

Voilà l'automne qui refait le trublion.

J'AI RETROUVÉ

J'ai retrouvé mes pleurs,
L'automne refait ses dégâts.
Il a remis dans mon coeur
Le retour des sentiments délicats.

Pourtant il fait le beau
Dans sa panoplie de couleurs,
Mais je hais le départ des oiseaux
Comme l'agonie des fleurs.

Pour ma chatte, partie un soir de décembre.

KELLY

Dorénavant tu reposeras derrière chez moi,
Sous du lierre, des herbes de toutes sortes,
Sous des pierres, de la terre comme toit,
Et un tapis en lambeaux de feuilles mortes.

Je t'apporterai des fleurs, souvent,
Pour te remercier du temps
Quand tu courrais vers moi, ravie,
Comme peut le faire une vieille amie.

Est-il possible d'être vraiment soi-même,
sans rien prendre des autres ?

L'IMPOSSIBLE MOI

Oui, ils étaient mes modèles,
Ceux des premiers mots, des premiers gestes,
Même parfois les plus modestes.
Oui, les premiers à qui j'étais fidèle.

Je les copiais, un tantinet, lentement,
Sans être vraiment moi au fil du temps,
Comme un calque que l'on déplie.
Sans le savoir j'étais un peu elle, un peu lui.

Alors qui serais-je sans m'être identifié ?
Qui serais-je sans le mot et le geste répétés ?
Quelqu'un avec un autre avenir ?
Et sûrement moins pareil à vrai dire !

Lieu de résidence du Dalaï Lama à Lhassa, capitale du Tibet. Un endroit rêvé tant de fois.

LE POTALA

Je garde ce rêve profondément
Depuis que j'étais adolescent
Quand je partais à l'aventure
Au fil de mes lectures,
Là-bas sur le toit du monde.
Au temps d'une sensibilité féconde,
Je me voyais dans le dédale
Des couloirs, à chercher l'être idéal
Nimbé de paix et de lumière,
Parmi les sombres sanctuaires.

C'était un ultime moment entre amis.

LA DERNIÈRE FOIS

Me dire que c'est la dernière fois,
La dernière fois que je te vois,
Et que tu me seras interdit
Puisque je serai loin d'ici,
Peut-être aux confins du ciel,
M'est étrange et cruel.
Je veux garder cet instant
Pour qu'il me soit toujours présent,
Où que je sois,
Comme une photo
Que je garderai sur moi,
Pour que mon univers soit plus beau.

Les distances avec sa mère, quelle pudeur !
Puis vient une forme de culpabilité quand l'espace est infini.

MAMAN

Et si j'avais été différent,
Moins distant,
Et si j'avais pu de temps en temps
Te serrer tendrement,
Te prendre par le cou
Ou m'asseoir sur tes genoux,
Te caresser la joue,
Et sans être avare de bisous
J'aurais pu te dire,
Avec quelques soupirs
Ou même te l'écrire,
Tout mon amour, puis te sourire.
Si j'avais été différent,
J'aurais pu faire autrement.
Tout simplement
Maman.

Utile quand on est seul.
Il devient l'ami fidèle avec qui nous pouvons nous entretenir sans jamais s'agresser.
Le langage le plus facile au monde.

MON SILENCE

Je me suis mis à parler le silence
Quand les mots devenaient inutiles,
Car je savais qu'il était, par excellence,
La voix de mes instants tranquilles.

Pour l'apprendre, nul besoin d'école,
Nul besoin de livre ni d'abécédaire.
Il se reconnaît sans le bruit de la parole,
Muet comme un ver de terre.

Dès lors je l'utilisais sans ambages,
Pour parler aux fleurs des champs,
Avec la forêt, la pluie, les nuages,
À la lune aussi de temps en temps.

D'une observation de la pluie.
On la regarde et elle nous emporte.

PETITE GOUTTE

Va ! Va petite goutte !
Va sur l'herbe verte !
Va dans les rues désertes
Couler sur les routes !

Rentre dans les trous !
Fais des sources, des ruisseaux !
Glisse ton eau
Sur la terre et les cailloux !

Et tu iras dans la rivière,
Loin du noir bitume,
Vers les roulis de la mer
Te baigner dans l'écume.

Petite promenade sur les chemins de l'errance,
et les mots viennent.

SOUS L'OMBRAGE DES HÊTRES

J'ai pris le chemin des hêtres,
Bordé de fougères épaisses,
Où les branches font des fenêtres
Quand le vent s'y presse.

Le soleil passe sur les pierres
Où des mousses se rassemblent
Comme un grand tapis vert.
Il passe et sa lumière tremble.

C'est dans une douce quiétude,
Où il suffit simplement d'être,
Que j'ai retrouvé ma solitude
Sous l'ombrage des hêtres.

Le ciel était lourd lors d'une échappée dans l'automne.

LA BRUME PLEUT

Le ciel n'est qu'un nuage,
Une vaste brume qui pleut,
Qui creuse et ravage
Par ruisseaux aventureux.

Comme elle vague la pluie
Sur l'asphalte des routes !
Elle fait de gros clapotis
Par les arbres qui s'égouttent.

D'octobre tombent les nues,
Ce sont les bruits d'automne.
L'azur fait sa déconvenue,
Sa lumière nous abandonne.

Une rose tellement importante qu'elle est un immense bouquet, pour ma mère en sa froide demeure.

UNE ROSE

Une rose maman !
Quel immense bouquet
Trouvé dans une haie
Sous le soleil ardent !
Elle est rouge maman,
Aussi belle qu'un soleil
Quand le matin s'éveille
Au-dessus des champs.

Dans sa robe immense,
Il y a toutes les fleurs
Du monde, et ma révérence,
Mon amour et mes pleurs.

Elle est pour toi maman,
Posée sur la pierre polie,
Cette rose simplement,
Entre les crucifix.

Quelques cendres d'êtres chers jetées dans le vent.

POUSSIÈRES DE CENDRES

Vous serez les nuages, vous serez le soleil,
Vous serez l'orage, vous serez la pluie,
Vous serez les étoiles et la nuit,
Vous serez dans l'immensité du ciel.

Vous serez aussi la terre, la mer,
Répandues aux quatre vents
Par la main tremblante et familière
Qui vous aimait tant.

Mon attirance pour le vent, et m'imaginer m'en aller avec lui.

AVEC LE VENT

Et si je partais avec toi, sur tes ailes,
Sans me retourner ! Partir léger
Plus encore qu'un papillon frêle,
Sans rien prendre de particulier.

Oui, m'en aller avec toi par-dessus tout,
Où toi seul peux voyager,
Planer ou tourner comme un fou,
Et être ton unique passager.

Et si je partais avec toi, ami fidèle,
J'irais murmurer dans les blés,
Et parmi tes courses rebelles
Nous serions deux aventuriers.

En voilà un tellement impressionnant, qui arrivait,
que j'entendais au loin, qui était là subitement,
basculant tout.

L'ORAGE

Je suis allé voir le ciel
Comme on irait voir un tableau
Tout juste retiré des pinceaux.
Il n'y avait pas une hirondelle.

Il était fait de gris
Et tout au fond de noir.
Il n'y avait aucun bruit,
On aurait cru qu'arrivait le soir.

Et soudain un son inconnu,
Tel un déferlement,
Est tombé des nues
Comme un mur de vent.

C'était avant, sur les chemins de l'école, quand la saison nous réjouissait.

LES CONGÈRES

En ces temps d'hiver,
Partir sur les chemins
Invisibles sous les congères,
Était l'aventure du petit matin.
Sans les traces d'un passage
Jusqu'au seuil de l'école,
Et avec le vent au visage,
Nous partions gais et frivoles.
Nos avancées aux pas lourds
Dans le manteau blanc,
Immaculé, froid et craquant,
Prenaient quelques détours.

C'est à se demander si les arbres perçoivent.

À CACHE-CACHE

Voilà qu'ils se dérobent dans la brume,
Semblant jouer à cache-cache
Pour éviter les coups de hache,
Et se retrouver en tas de grumes.
Partir loin là-bas sur le bitume
Pour devenir tables ou chaises,
Ou encore plus légers qu'une plume
Dans l'âtre et les braises,
Quelle peur, quelle destinée !
Et s'ils devenaient quelques livres
Pour aider l'humanité à vivre,
Un peu mieux, sans méchanceté !

C'était lors d'un repas, une dame était seule à table, infiniment seule.

AU-DESSUS DE TOUT

Elle s'était assise à quelques pas,
Là où elle pouvait être tranquille.
Elle avait déjà commandé son repas,
Ses gestes n'étaient plus très habiles.
Je la regardais, elle ne me voyait pas,
Elle était belle sous sa peau plissée.
Autour d'elle, les paroles, les éclats
De rire, rien ne semblait la gêner.
Parce qu'elle s'en allait, s'évadait,
Avec son regard au-dessus de tout:
Le fragile, l'insensé, l'imparfait,
Comme si le monde s'était dissout.

Le vent, quand il fait ce qu'il veut.

DEVANT MA PORTE

Il murmure, il tempête,
Il flâne, il court,
Il n'en fait qu'à sa tête.
Et parfois dans ses détours,
Il s'essouffle et s'arrête
Au-dessus de la cour.
Épuisé dans le fouillis
Des branches, des feuilles mortes,
Il disparait, endormi
Sur le pas de ma porte.

Un objet d'où reviennent des souvenirs.

LA GOMME

Sur la gomme rose et bleue,
Usée par les deux bouts,
Se voyaient encore debout,
Fines comme des cheveux,
Mes deux lettres majuscules.
Retrouvée dans mon plumier
Tout au fond du grenier
Sur des pages de calculs,
Elle me rappelait mes erreurs,
Mes fautes, mes lacunes,
Mes absences, mes infortunes.
Avec ses deux couleurs
Elle me disait mes déboires,
Les coups de férule
Et les pensums ridicules,
Les détestables retenues du soir.

Je passais près d'un coquelicot, parti à l'aventure.
C'est toujours la recherche d'un mieux.

LE COQUELICOT

Il a quitté les champs de blé,
Les chemins où le vent se promène,
Préférant la solitude, le pauvre exilé,
D'une route où les bruits se déchaînent.

Quand il était dans les courants d'air
Avec ses voisins les épis dorés,
Il aimait se pencher vers la terre,
Ballotté, sans entrave, à s'enivrer.

Et maintenant le dos au mur,
Plein d'amertume et de regrets,
Il regarde passer les voitures,
Sans frère, sans personne à ses côtés.

Ce parfum, cet Opium, c'était toi, puis c'était nous.

TON PARFUM

Il était sur toi, il était en toi,
Sur tes vêtements, sous ta peau.
Il te suivait et je devenais sa proie,
Il avait toujours le dernier mot.
Car il affirmait sans rien me dire
Au plus près de mes sens,
Avec ses effluves à m'étourdir,
Que nous briserions les distances.

Le lien entre la mère et son enfant.

TON MONDE

Tu t'étais penchée sur moi en douceur
Avec un sourire qui ne finissait plus.
Tes mots avaient la tendresse du cœur,
Et moi, moi j'avais les bras tendus.

J'attendais que tes mains chaudes
Plongent leurs doigts sur mon dos,
Et dans tes yeux émeraude
Je voyais ton monde dans un berceau.

Merveilleux paysage avec des bleus et du blanc réunis sur une photo.

À LA PREMIÈRE HEURE

Ici ! C'est comme une harmonie
Des formes et des couleurs,
Un équilibre arrivé après la nuit
Quand le jour fait sa première heure.
Scellés à la route, les arbres, les champs
Dorment sous ce dégradé de bleu,
Dans le frimas qui a déposé ce blanc
Comme un linceul descendu des cieux.

Encore une jolie photo avec des fleurs
au bord de l'eau.

PRÈS DE L'EAU

Elles ont attendu tout l'hiver
Dans un lopin de terre
L'une et l'autre pour réapparaître
Côte à côte sans se connaître.

Sous le soleil près de l'eau
Elles voulaient revoir les bateaux,
Et faire un peu connaissance
Pour partager leur essence,

Et puis, rien d'autre à espérer
Que montrer toute la beauté
De leur coiffe en couleur,
Aux yeux des voyageurs.

Être au-delà de la mort et revoir celle que j'aime.
Un rêve, peut-être.

INVISIBLE

Et si j'étais dans toute chose,
Discret, secret, invisible,
Après ma métamorphose,
À te regarder, paisible !
À te toucher parfois,
Te tenir, te caresser,
Me serrer contre toi,
Et me mettre dans ton idée
Pour faire ce que tu fais !
Tu frissonnerais un peu,
Comme lors d'un matin frais,
Avec ma main dans tes cheveux.

Une si petite planète dans l'univers, et avoir besoin de centaines de dictionnaires pour traduire un mot, une phrase, au-delà des frontières.

QUEL AFFRONT !

Des millénaires passés
Sans avoir pu accepter
Un alphabet commun
Pour tous les humains,

Un même langage,
Une langue unique
Qui deviendrait un avantage
Comme la musique,

Un lien pour toutes les nations,
Un canal d'expression
Avec les mots d'une parole
Appris dans les écoles.

Quel affront à l'existence
Que d'avoir tant de différence
Pour simplement dire,
Se comprendre et se sourire !

Le jour où la mort est venue chercher ma mère.

À SA MORT

Elle était venue à son insu
Aussi rapidement qu'un éclair,
En silence, et prise au dépourvu
Elle a dû quitter la lumière.
Je l'ai retrouvée comme jamais,
Le dos courbé, les jambes repliées,
Allongée sous l'édredon épais.
Et je me suis couché à ses côtés,
J'ai esquissé des gestes tendres
Avec douleur et tremblement,
Mais elle était venue la prendre
Comme on retire un vêtement.

Il n'a besoin de rien d'autre que de vivre ses sensations, dans l'instant.

L'INSTANT QUI FUIT.

Qu'importent ce bureau, cette chambre,
Ces livres , ces dossiers, ces étagères,
Ces bibelots d'ivoire et d'ambre,
Ces portraits de Rimbaud, de Voltaire !
Qu'importent tous ces mots sur ces pages,
Ces empreintes d'âmes fécondes,
Poètes, philosophes, hommes sages,
Ces pensées qui peuplent le monde.
Lui, n'a ni papier ni plume, ni rien
D'un esprit qui se fige, qui s'écrit.
Il regarde, il ressent ce qui vient,
Ce qui passe, l'instant qui fuit.

Un moment à deux, une complicité jusqu'au petit matin.

JUSQU'À L'AURORE.

Les volets seront fermés, les rideaux tirés,
Laissant l'hiver dans son uniforme glacé.
La bise et la nuit noire resteront dehors.

Nous nous blottirons, sans bouger, près de l'âtre,
À regarder ses flammes jaunes et folâtres.
De l'abat-jour tombera une lumière d'or.

Plus rien ne viendra nous prendre, nous divertir,
Si ce n'est quelques mots, quelques pages à lire.
Et nous resterons là, enfouis, jusqu'à l'aurore.

C'est une âme dans l'univers, à la recherche de l'âme aimée.

TE RETROUVER

Et maintenant comment ne pas m'égarer,
Sans route, sans carte, sans boussole,
Parmi tant d'espace vide ? Où te chercher,
Amie, dans ce noir aux distances folles ?

Comment faire dans cette infinité
Pour t'appeler à gorge pleine,
Et aller vers toi pour te retrouver,
Sans m'arrêter, à perdre haleine ?

Ah! Si penser à toi me suffisait
Pour courir comme la lumière,
Et être à tes côtés, je le ferais
D'un clignement de paupières.

S'imaginer être dans tout ce qui est.

ÊTRE

Être dans un arbre, dans une fleur,
Et se laisser caresser de vent avec bonheur.
Être l'oiseau, le papillon, l'abeille
Dans la fraîcheur de l'ombre sous le soleil.

Être dans la branche, dans la feuille
Où viennent courir les écureuils,
Dans les pétales en ombrelles
Où viennent se poser les coccinelles.

Photo prise d'une falaise, d'un soleil se couchant au fond de l'océan.

DE L'INNOCENCE

Mais il y a eu combien de soleils ?
Se disait-il à son oreille.
Combien tombés dans l'océan
Depuis le début des temps ?

Lentement ils sombrent
Sans laisser d'ombre,
Se disait-il à lui-même
En cet instant suprême.

Ils tombent, ils meurent
Sans fumée , sans vapeur,
Sans bruit, loin des falaises,
Rougissant comme une braise.

Que de questions !

AVANT ? APRÈS ?

Avant ?
Quand tu n'étais pas vivant,
Avant d'être molécules,
Où étais tu ?
Que faisais-tu
Avant de devenir cellules?

Viendrais-tu de loin,
Pour qu'enfin
Un fin stratège
Te découvre un sortilège,

Telle ta vie éphémère ?
Tu partiras alors en guerre
Pour faire ton destin
Au choix de tes chemins.

Et après ?
Quand tu seras mort,
Au dernier souffle de ton corps,
Où seras-tu après?

Retour de vacances, avec de la nostalgie, avec des bruits qui résonnent encore.

AVEC LA MER

Tu reviendras chez toi avec la mer,
Dans ton cœur, dans tes oreilles.
Dans tes yeux fermés derrière tes paupières
Tu la verras scintiller sous le soleil,

Avec ses murmures et ses vents,
Ses colères, ses grondements,
Les ressacs dont parlent les récifs,
Les vagues en rouleaux agressifs.

La mer reviendra chez toi
Avec les sirènes des bateaux,
Le cri des mouettes, et sous ton toit
Tu seras comme au-dessus de l'eau.

L'insupportable présence, qui de temps en temps frappe à la porte.

COMME UNE PRÉSENCE

Elle me glace, me pétrifie,
M'horrifie, peu à peu me détruit.
Et dans mes insomnies
Elle est là, elle me sourit.

Elle reste là , elle est perverse,
Ma bataille, mon ennemie.
Elle me bouleverse,
Elle me suit, me poursuit.

Là, jusqu'au dernier jour
À me guetter dans ses détours,
Elle finira bien par m'arracher
À tout ce que j'ai aimé.

Il en est ainsi de chacun, et puis tout appartiendra à l'histoire. Et l'histoire s'en ira aussi.

LE DERNIER JOUR

Il y aura toujours un dernier jour,
Celui de la semaine, du mois, de l'année,
Déjà si loin de notre premier.
La terre n'a jamais été à rebours.

Il y a celui du dernier jour d'école,
Le dernier des vacances aussi
Qui nous rend grave et nous désole.
La terre tourne et le temps s'enfuit.

Et puis celui de notre travail,
Celui qui borde une fête
Et nous gratifie parfois d'une médaille.
La terre ne bat jamais en retraite.

Et voilà que tout se termine,
Tout au bout du dernier jour
Au moment où notre vie culmine.
La terre nous aura fait un drôle de petit tour.

Ne plus être soi, dans un moment où le temps n'est plus.

TRANSCENDANCE

C'était un moment d'excellence
Comme si j'étais en-dehors de moi,
Un détachement, une délivrance,
Sans demain, sans autrefois.

Comme si j'étais l'herbe qui susurre
Sous le désordre des branches,
Et aussi la source qui murmure
Dans les roseaux qui se penchent.

J'étais devenu campanule,
Couleurs blanche et violette,
Et aussi le vol de la libellule,
Le chant de l'alouette.

Un objet des jours heureux, une arme silencieuse,
pour jouer...

LE LANCE-PIERRES

Il était en noisetier
Comme le coudrier,
Presque un objet d'art
Maintenant oublié.
Comme c'était bien
De faire le malin,
L'élastique autour du cou,
Et partir avec les copains
Ramasser des cailloux
Au gré du hasard,
Aux endroits de partout.
Oui, ramasser des cailloux
À faire gonfler les poches,
Pour tirer les oiseaux
Les plus proches
Sans s'en faire de reproches,
Sans aucune clémence,
Un peu espiègles, un peu voyous,
Sur les chemins d'errance.
Ah ! Cruelle enfance.

En cette période de canicule des oiseaux avaient trouvé de l'eau.

UNE OASIS

Soleil brûlant, omniprésent,
Torpeur, désagréments,
L'air souffre, la terre craque.
Sur le toit plat une flaque
D'un petit rien d'averse,
Puis encore le ciel se perce
Et des rayons pleuvent.
L'eau fait une oasis
Où des oiseaux s'abreuvent
Avec délice.

Au retour d'une visite à un proche placé en institution.

MA DÉRÉLICTION

Tout se dérobe, tout s'éteint,
Il y a tant de chaos dans ma mémoire,
Il n'y a plus d'hier, il n'y a pas de demain,
Je ne sais plus rien de mon histoire.

Il n'y a plus de chiffres, plus de noms,
Plus rien qui me donne des souvenirs.
Je crois bien avoir perdu la raison,
Et nul ne sait que ça me fait souffrir.

Sans cesse j'attends un secours,
Quelque chose qui soit du temps,
Quelque chose d'un moment, d'un jour,
Même d'un endroit quand j'étais enfant.

C'était un jour où la douceur de l'air me transportait.

DOUCEUR

Il ne fait pas beau, mais le vent est si doux
Qu'on aimerait se coucher dessus
Comme pour flotter vers l'inconnu,
Au-delà des labours et des arbres roux,
Bien plus loin que les mers, les océans,
Là-bas d'où viennent la nuit et le soleil,
S'en aller où les étoiles se réveillent,
Léger comme les aigrettes des champs.

Sombre atmosphère, sous l'orage.

C'EST LA NUIT...

C'est la nuit dans le jour,
Le vent fait son ménage.
Tout s'enfuit dans la cour,
La pluie arrive, c'est l'orage.

L'air sent la poussière
Dans le clapotis de l'eau.
Il y a du bruit, c'est le tonnerre,
Sous les toits il y a plein d'oiseaux.

Il y a de la lumière dans les rues,
Ce sont les éclairs qui passent.
Il n'y a personne à perte de vue,
Les pots jonchent les terrasses.

Il y avait foule sur la plage, et des gens rangés autour des parasols... Des vacances apparemment réussies, qui en appelaient d'autres.

EN BORD DE MER

Des corps, par centaines, par milliers.
Des corps jeunes, usés et d'autres ridés,
Allongés, rangés, et d'autres à la chair
Qui déborde comme un habit vulgaire.
Tous à se laisser griller par le soleil,
À devenir hâlés, incarnats ou vermeils,
Entre les parfums, les huiles et la sueur,
À parler aussi fort que des haut-parleurs.
Et d'autres marchent, courent, lisent,
Entre les doigts d'une légère brise,
Se regroupent pour quelques radotages,
Entre voisins, inconnus de passage.
Et d'autres sont dans l'eau jusqu'aux genoux,
Ou encore dans son épaisseur jusqu'au cou.
Ils sont là pour une ou deux semaines,
À penser aux mêmes vacances prochaines.

Deux vieux amis vont se retrouver.

AMIS

Nous étions amis déjà, enfants,
De la même ville, de la même rue,
À nous retrouver sur les bancs
De la même école, dès le début.

Et puis amis, adolescents,
Avec les mêmes musiques,
Les mêmes livres aux temps
Des conquêtes pudiques.

Puis il y eut des chemins
De traverse différents,
Comme peut faire le destin
Quand il vous sépare d'un océan.

Et plus tard une lettre arrive,
Avec son écriture singulière.
Les souvenirs se ravivent,
L'ami revient comme un frère.

Une fenêtre, des centaines de livres, et j'ai imaginé les échanges entre auteurs.

FENÊTRE DE PAIX

D'étagères grandes comme un mur,
Derrière une fenêtre entre-ouverte,
S'échappaient des soliloques, des murmures,
Des palabres et conversations disertes.

J'attendais, silencieusement j'écoutais,
Et les mots m'arrivaient comme un fleuve
Des livres où se mélangeaient
Anciens propos et idées neuves.

Penseurs, philosophes et poètes,
Écrivains comme sauveurs du monde,
M'annonçaient la conquête
De l'humanité pour une paix féconde.

Quelle difficulté pour une provende !

LA FLEUR ET LE PAPILLON

Il était à l'épreuve du vent
Près d'une fleur qui bougeait,
Qui dansait sans arrêt
Dans un bouquet éclatant.
Il peinait, insistant, partait,
Revenait comme un forçat
Du jaune, de l'incarnat,
Avec ses ailes d'un bleu parfait.
Pour lui j'aurais voulu être la brise,
Lui retrouver une accalmie,
Une pause au jardin fleuri
De couleurs exquises.

Et toujours l'impermanence.

INEXORABLEMENT

Son corps le quitte lentement,
À chaque instant,
De jour en jour,
Depuis toujours,
Et de plus en plus vite maintenant
Sous le poids des ans.
Le temps le blesse,
Le malmène, l'agresse,
Comme un ennemi
Qui en voudrait à sa vie.
Alors, il se démène, il bataille,
Il subit, il défaille
Comme si, inévitablement,
Il était perdant.
Sa lutte est vaine,
Il s'essouffle, il peine.
Il mesure le geste,
Il souffre, il peste.
Mais, il en est ainsi
De ses soucis, de ses ennuis,
De ce cheminement inexorable,
Quand même la pierre devient du sable.

D'une superbe photo, en forêt.

D'UN CHEMIN OBSCUR

Voilà un chemin obscur
Qui soudain s'éclaire.
Sous les ramures
Se faufile la lumière.
Au-delà des murs de feuilles
Où les ombres s'allument,
Là où chante le bouvreuil,
Elle s'étire en rayons de brume.

La guerre en Europe, et ailleurs.

MONDE INDIGNE

Voilà que mes doigts ont remplacé ma bouche,
L'encre est devenue ma parole silencieuse.
Le papier restera mon cœur farouche,
Le lieu d'une écriture impétueuse.

Voilà qu'ils s'empressent et s'affolent,
Ruant la plume entre les lignes,
Car tout mon être se désole
De ce monde cruel et indigne.

Des enfants meurent sous les bombes,
Au milieu des villes meurtries,
Dans les ruines devenues leur tombe,
Parmi les pleurs et les cris.

Toujours la loi des contraires. La paix n'existe pas sans la guerre.

SI PRÉCAIRE

Il y a tant de querelles, tant d'effroi,
Tant de haine, de désarroi.
Pourquoi dans notre vocabulaire
Le mot paix est-il devenu si précaire ?
Peut-on encore imaginer, croire,
Qu'il pourrait dans toutes les mémoires
Perdurer comme une passion,
Une hérédité, une religion ?

Les animaux n'ont jamais fait la guerre
Depuis des millénaires sur terre,
De temps en temps, peut-être un conflit
Pour le chat, avec un oiseau, une souris.

L'inévitable fin d'une histoire.

FORCÉMENT

Ne sois pas sévère, cruelle, douloureuse !
Ne viens pas trop vite, brutalement !
Attends, prends le temps !
Laisse de côté ta faux furieuse !
À tout instant, le jour, la nuit,
Je sais que tu veilles,
Que tu recherches et surveilles
Ce que la vie détruit.
Inlassablement tu guettes
Comme un prédateur invisible.
Ne sois pas aussi irascible,
À bondir, à saisir, secrète !
Laisse finir le dernier printemps !
J'aime tant cet air qui court
À travers les longs jours.
Puis, tu viendras forcément.

Il était souffrant, elle était venue pour le soutenir.

D'UNE AMITIÉ

Il lui a demandé d'être là,
Simplement là.
De la solitude du soir,
De l'arrivée du noir
Qui cognaient à ses fenêtres,
De son malaise peut-être,
Il voulait se délester un peu,
En être moins malheureux.
Et elle accepta sans détour
Promettant les premières lueurs du jour,
Sans penser un seul instant
Que toute histoire a son dénouement.
Elle le retrouva couché dans son silence,
Yeux clos, sans souffle en apparence,
Sans rien lui dire avant son départ,
Sans un dernier regard.

Une araignée dans la maison.

POUR LA TÉGÉNAIRE

Mais que fais-tu ?
Oublie ce pas de porte,
Cet espace inconnu !
De l'autre côté tu seras morte.
Il y a tant d'autres lieux
Où s'aventurer, à découvrir.
Fuis cette entrée, ce milieu !
Chez les hommes tu vas mourir.
Tes pattes les feront frémir,
Alors que toi, l'automne
Te fait peur, te fait fuir.
Ce dehors où tu frissonnes.
N'entre pas, reste dans les pierres,
Sous les feuilles, dans quelque trou !
Si tu franchis cette barrière
Tu trouveras des cris et des coups.

L'observation d'un escargot traversant une route.

L'ESCARGOT

Pour quelques restes de rosée
Perlés sur l'herbe verte,
Il a osé la traversée
De l'immense route déserte.

Quelle ambition d'aventurier
Pour celui qui, lentement,
A voulu dans l'ombre du peuplier
Braver le danger permanent !

À tirer sa maison sur son dos,
Suant, haletant sûrement,
Il espérait ces gouttes d'eau
Comme si c'était urgent.

Dans l'éloignement d'une folle averse.

APRÈS LA PLUIE

La pluie ne tombe plus,
Le calme est revenu.
Le vent s'est rangé derrière les arbres
Immobiles comme des statues de marbre.

Le calme est revenu,
Un coin d'azur est apparu.
Les nuages ont fait un large trou,
Le ciel s'ouvrira bientôt de partout.

Et, des branches, des herbes et des corolles,
Tous ont repris leur envol,
Les oiseaux, les papillons et les abeilles.
Le calme est revenu sous le soleil.

Les habituels voyages des oies cendrées.

AU DIAPASON

Défiant la tourmente
D'un ciel dessus-dessous,
Qu'il bruine ou vente
Entre rage et courroux,

À contre-courant,
À l'orée des nuages,
Sans ambages
Elles vont forcément.

Sans rien sur les rémiges,
Le corps au froid,
Ce qu'elles s'infligent
Est un exploit.

Du matin à la nuit
Elles volent vers l'horizon,
Au diapason,
Comme c'est inscrit.

Quelque chose en moi me piège, dans le vent et la nature.

ET TOUT S'ÉVEILLE

Voilà une présence dont je suis imbu,
Sournoise, insidieuse, et qui sommeille,
Et qui va décider à mon insu
De mettre mes sens en éveil.
Alors tout aura de la profondeur,
Tout ira de l'ordinaire au sensible,
Et j'aurai l'air d'être rêveur
À mettre des mots sur l'indicible,
À écouter les assauts du vent,
Le regarder glisser sur toutes choses,
Le laisser entrer en moi, étrangement,
Et bouleverser mon cœur qui explose.

Un jour ma mémoire sera en berne.

MÉMOIRE

Un jour, les mots viendront à me manquer,
Comme si ma mémoire amputée
De ses outils pour écrire
Me privait de mes souvenirs.

À peine serrée entre mes doigts,
Ma plume se mettrait à trembler,
Pleine d'attente, pleine d'effroi,
Comme si rien n'avait existé.

J'aurai l'air d'être suspendu
À mon passé avare,
À chercher du connu
Dans mes yeux fixes et hagards.

Alors j'écrirai des pages
Blanches, et en abondance.
Comme un vieux sage,
Je dirai des silences.

Là, rien ne m'éloigne de mes pensées.

SUR LE COUSSIN

La tête sur le coussin
Je regarde passer le vent
Derrière ma fenêtre close.
Il s'en va et s'en revient,
Sans s'arrêter un instant
Comme mes idées moroses.

Là, je suis en lui,
Je vais, et de loin en loin
Je suis dans tout ce qui danse.
Les branches se plient,
Les feuilles s'affolent, en vain
Il ne distrait ce que je pense.

Et la poésie qui se mêle de tout.

EN BAS D'UNE PAGE

Qu'inventerait encore la poésie
En-dehors de ses thèmes récurrents ?
Le soleil, les étoiles, le vent,
L'orage, les nuages, la pluie,
Les feuilles, les fleurs, le printemps,
La neige, le froid, l'hiver,
Et l'automne qui nous désespère
Après un été flamboyant.
Tout ce qui passe au fil du temps
Peut se mettre en rime, en vers,
Tous les mots et leur contraire,
La vie avec le néant,
La guerre, la paix, l'amour, la haine,
Le bruit, le silence,
La joie, la peine,
Le peu avec l'abondance...
Qu'inventerait-elle davantage ?
Si ce n'est quelques nuances,
Ou alors un détail en apparence,
Comme une corne en bas d'une page.

Un visage qui se perd et qui s'oublie.

PERDUE

Je te cherche, je m'obstine et je désespère,
Tout est flou et tout se dérobe de naguère.
Ton visage s'est perdu dans mes souvenirs,
Mais comment étais tu au temps de l'avenir ?

Comment te retrouver dans ma mémoire,
Toi mon habitude des rendez-vous secrets,
Quand nous partions sur les chemins le soir,
Dans le frémissement des champs de blé ?

Mais que devient tout ce qui meurt ?

DU DESTIN DE L'ÂME

Dieu vorace qui se nourrit du monde,
De tout ce qui meurt,
Du papillon à la fleur,
À l'oiseau, à chaque seconde,

Que faites-vous de leur âme,
Et de celle des enfants, des vieillards,
Que vous rappelez au hasard
Sans éviter des drames ?

Mais que faites-vous de l'immortel
En votre appétit insatiable,
Dieu intouchable ?
Qu'en faites-vous au fin fond du ciel ?

Je lis et le vent fait de la beauté.

JE LIS, ET LUI...

Il murmure dans les feuilles
Tout le long du grand tilleul,
Entre dans mon ouvrage
Et tourne parfois les pages.
Il soulève la poussière
Dans des rais de lumière,
Pose ses doigts sur ma peau
En se glissant sous mon chapeau.
Il s'emmêle dans mes cheveux,
Et quand je ferme les yeux
Il chuchote à mon oreille
Ses errances dans le soleil.

Dans mon enfance heureuse, je revois ce rideau sur le palier du premier étage.

LE RIDEAU BIGARRÉ

C'était un rideau bigarré,
Comme un tissu d'Arlequin,
Un cache délavé
Où s'entassaient des choses du quotidien.
Entre balais et serpillières,
Il y avait aussi mes objets nécessaires,
Mes trésors en bois:
Arc, flèches et carquois,
Et d'autres de toutes sortes,
Plumes, galets et feuilles mortes.
C'était mon endroit précieux,
Prémices à d'autres jeux:
Sac de billes, osselets,
Lance-pierre et ballon usé.

Voilà, quand elle étale son emprise.

LA BISE

Elle était arrivée à la brune,
Pressée de parcourir les rues,
Avec des zestes de lune
Qui s'en allaient sitôt venus.

Ici, elle claquait les volets,
Roulait les feuilles mortes,
Là, entrait dans les cheminées
Et frappait à toutes les portes.

Elle était l'haleine de l'hiver,
Celle qui chasse, celle qui penche,
Celle qui libère
L'ordre des branches.

Un papillon citron…en hiver.

LE PAPILLON PRÉCOCE

Bien au cœur de février,
Le soleil avait posé ses rayons
Épars sur l'étroit sentier,
Défiant les nuages en haillons.

Et lui, il battait ses ailes jaunes,
Pressé comme jamais
En passant sous les aunes
Aux ombrages imparfaits.

Il était arrivé dont on ne sait où,
Le premier en cette saison,
Virevoltant comme un fou
Vers quelques fleurs en exhalaisons.

Un tremblement de terre quelque part dans le monde.

COUPABLE

Tu es là, tranquille,
Dans ton quotidien habituel,
À regarder le bleu du ciel
Loin des villes,
Et ce vert des prairies
Qu'aucun chemin n'a franchi.
Tranquille, alors que là-bas
La terre a fait des dégâts
Comme une grande guerre.
Tranquille, avec tes soucis
De rien, quand là-bas des vies
Meurent sous les pierres.
Tu es là, coupable
Face au malheur, à la mort.
Sans avoir été secourable,
Tu en ressens du remords.

Chaque histoire a sa fin…pour une autre histoire, peut-être.

VOILÀ

Voilà, je crois que tout se termine,
La lumière s'est éteinte subitement,
Plus de va-et-vient dans mes narines,
L'air plus n'y passera, définitivement.

Ma dernière pensée s'en est allée
Derrière mes paupières closes,
Dans ma poitrine tout s'est refermé,
Voilà le temps de la métamorphose.

Tout proche de l'hiver, une dernière fleur en mon jardin.

MA DERNIÈRE FLEUR

Une rose,
Il ne reste qu'une rose,
Et dans son habit étroit
Elle a froid.
Des flocons épars,
Sans égards,
Font un fardeau
Sur son dos.

Elle penche,
Et sa corolle blanche
Frissonne de bise.
Elle agonise,
Elle meurt,
Ma dernière fleur.

Au violoncelle, il s'éloigne du monde.

LOIN DU RÉEL

Une partition sur un pupitre,
Des gammes parmi des silences,
Des noires, des blanches, des rondes,
Qu'elle est belle ta mélodie sans titre !
Tu improvises, les notes dansent,
Tu fuis la gravité du monde.

L'archet déroule ses mesures,
Ta main glisse sa voix
Sur les cordes comme un rituel.
Pour t'éloigner des blessures,
Ton âme se met dans tes doigts,
Si loin des choses habituelles.

Les plus beaux seront toujours les Noëls
de notre enfance.

NOËL D'ANTAN

Mais où es-tu Noël d'antan,
Noël de liesse,
De l'ivresse
dans mon cœur d'enfant,
Noël de la table parfaite
Et des belles lumières
Sur la robe coutumière
Du sapin jouant la vedette ?
Mais où es-tu Noël des guirlandes
D'or et des cierges magiques,
Noël de la musique
Et des chansons de légende,
Quand petits et grands
Aux regards de tendresse,
Près de l'âtre flamboyant,
S'habillaient d'allégresse ?

Et toujours la magie de Noël d'alors.

SOUVENIRS DE NOËL

Il y avait sur les sièges des coussins dorés,
Sur la table une nappe blanche en dentelle,
Des soliflores avec des roses artificielles,
Une multitude de bougies parfumées.
Des pelures d'oranges et de mandarines,
Avec des coquilles de noix et de noisettes,
Se mélangeaient aux creux des assiettes
Sorties une fois l'an du buffet de la cuisine.
Qu'il était beau le réveillon de notre enfance,
Quand dehors décembre était blanc,
Quand nous attendions impatiemment
Le vieux barbu de notre innocence !

Le bénéfice de la lune pour les prédateurs.

LA LUNE ET LE HIBOU

Là voilà, elle arrive d'entre les arbres silencieux,
Pleine et remplie de soleil, posant la pénombre,
Allumant la nuit pour les regards insidieux
Des prédateurs cachés dans les lieux sombres.

Là voilà, avec son complet éternellement jaune,
Accompagnée de quelques étoiles blêmes.
Entre les branches feuillues elle trône,
Continuant son périple, toujours le même.

Et le voilà lui, les yeux grands ouverts,
À l'affût du moindre frisson près d'un trou,
Immobile, patient, préparant ses serres,
Qui file vers une tache de lune sur des cailloux.

C'est peut-être un rêve universelle.

J'AIMERAIS

J'aimerais être là-haut parfois,
Quand dans mon cœur il fait froid,
Aller de nuage en nuage
Sans jamais trouver d'ombrage.

Être entre les nues et l'azur,
Sans tumulte, sans murmure,
Marcher sur les courants d'air,
Simplement dans le ciel clair.

De l'esprit humain, avec ses certitudes et ses doutes, et qui ne sait plus trop quoi penser, jusqu'à la peine.

DU DÉCONCERTANT

Comme ils sont étranges
Ces paysages de l'âme !
Parfois on y voit des anges,
Des êtres qui se pâment,

Ou parfois tout se mélange.
De belles histoires se clament
Avec d'autres qui dérangent,
Pour faire de curieux amalgames.

Et puis, parfois on ne voit rien devant,
Où plus rien ne se trame,
Ou seulement du déconcertant,
Avec des peurs et des drames.

Au dépositoire, un jeune adulte que j'ai connu dans son adolescence.

INFINIMENT SEUL

Des fleurs, des photos, des chandelles,
Des parents, des amis, des voisins,
Des visages amaigris, des mouchoirs,
Des banalités, des mots dérisoires.
Dans le haut-parleur, du Chopin,
De l'encens fume dans une coupelle
Et, dans un coin au bout d'un banc,
Infiniment seul certainement,
Le père, les coudes sur les genoux,
Qui recherchait perdu on ne sait où
Dans des souvenirs d'il y a longtemps,
Sans doute le visage de son enfant.

Et toujours ce remords pour des arbres qui disparaissent.

LES ARBRES

Ils étaient charmes, peupliers, bouleaux.
Ils étaient feuilles, ils étaient murmures.
Ils étaient froissements d'ailes et nids d'oiseaux.
Courbés ou droits, ils avaient belle allure.

Ils étaient lauriers, noisetiers, tilleuls.
Ils étaient fleurs, fruits dans les ramures.
Ils étaient hannetons, papillons, écureuils.
Courbés ou droits, ils avaient belle allure.

Ils étaient debout, nus ou touffus, grands.
Parfois fourbus, et sans pouvoir se défendre,
Ils étaient fragiles et tendres, innocents,
Avant leur avenir d'âtre et de cendres.

Ils attendront, coupés, couchés, fendus,
Rangés maladroitement contre un mur.
Ils attendront, humides et moussus,
Leur dernière mésaventure.

De l'observation d'une chenille à la recherche de son repas quotidien.

LA CHENILLE

Tu n'es pas assez grande
Vois-tu, pour tes convoitises !
Même en étant gourmande,
Rien n'ira à ta guise.
Tu t'étires et t'élèves
De tout ton corps, et vacilles
Là où le vent se lève
Entre les ramilles.
Va ! Enfant de papillon.
Car il sera bientôt le moment,
Pour les bâtisseurs de cocons,
De voler dans le printemps.

Il est toujours en attente de présences.

LE BANC

Tu attends inlassablement,
Tu attends par tous les temps,
Des habitués, des amoureux,
Au bord du petit chemin sinueux.
Sous les réverbères tu veilles,
Toujours aux aguets comme une sentinelle,
Sur les rêveurs, les rebelles, les intemporels.
Du crépuscule à l'aube tu sommeilles
Mais tu attends, comme un ami,
L'insomniaque, le noctambule,
Celui qui s'ennuie, le sans-abri,
Celui qui vient de loin, qui déambule.

Comme un trésor dans une boîte aux lettres.

UNE LETTRE

Attendre,
Impatiemment, passionnément,
À la même heure chaque jour.
Attendre,
Sous la pluie, dans le vent,
Sous le soleil ardent au coin du carrefour.
Attendre,
Comme s'il en était d'une hantise,
D'une obsession, d'une raison d'être,
Comme si je te voyais apparaître
D'une lettre promise.

Une chanson qui transporte, et il n'y a plus que le présent.

TU PLEURES
Sur des mots et de la musique,
Doux et tendres, mélancoliques.
Tu pleures, tu t'abandonnes,
Et dehors chante le vent de l'automne .

La voix s'élève, les cordes vibrent,
Et de plus en mieux tu te sens libre
De tout le reste et du temps.
Plus rien n'est plus, que maintenant.

La neige qui remodèle en habit de passage.

HABIT DE PASSAGE

L'hiver ne finissait pas d'étaler ses nappes
Blanches,
Et toutes choses avaient disparu, les toits,
Les rues,
Les champs et les étangs, et la lourdeur
Des branches
Couvrait les chemins. Le monde s'était revêtu.
C'était comme si le ciel était descendu
En couches incessantes, de jour comme de nuit,
Par vagues de flocons tourbillonnantes et drues,
Pour recouvrir toute trace sans aucun bruit.
Neige folle que les vents emportent,
Fragments gelés collés aux fenêtres,
Congères ramassées sur le pas des portes,
Reposez-vous avant de disparaître !

Chaque chose parle le vent autrement.

LES VENTS

Je suis allé écouter les vents,
Celui des herbes dans les champs,
Celui des feuilles dans les bois,
Ils avaient tous une autre voix,
Ils étaient tous différents.

J'ai aimé celui qui murmure
Dans le dédale des ramures,
Celui qui chuchote, qui s'alanguit,
Qui bruisse dans les épis,
Et là-bas, dans quelque azur,

Celui qui passe avec les oiseaux.
J'ai aimé aussi, tout là haut,
Celui silencieux des nuages
Où le bleu est en morceaux
Dans son sillage.

Voilà le regret, celui des premiers âges. Apprendre la musique comme l'alphabet, un instrument comme l'écriture.

LA VOIX DES ANGES

Je sais maintenant, oui je sais pourquoi,
Tes bras vides, et tes mains aussi,
Et cet invisible au bout de tes doigts,
Te causaient tant de mélancolie.

Oui, je sais maintenant, je sais,
Que ce manque, cette absence de toujours,
Ce défaut des premiers jours
N'ont jamais été comblés, jamais.

Il t'aura fallu combien de temps
Pour savoir que par tes phalanges
Et la voie d'un instrument,
Tu pouvais dire la voix des anges.

Quand on se contraint, dans sa maison, dans
sa chambre, à faire table rase du passé.

DE MON IDENTITÉ

Il faut bien que tout se termine,
Alors je continue à trier, à ranger,
Ces choses conservées depuis des années.
C'est une part de mon identité que j'élimine.

Je me suis résigné à faire le ménage,
Dans ce à quoi je m'étais attaché
Tout au long de mon âge :
Des feuilles, des livres, des objets.

C'est un entraînement à disparaître,
Il faut bien que tout se termine.
Et pourtant tout est inscrit en mon être,
Du plus petit rien au plus intime.

Ah ! Cette fin décembre propice à la démesure, à se fabriquer du remords.

FIN DÉCEMBRE

Bien sûr nous allons faire ripaille, bombance,
De joyeuses agapes dans l'accoutumance.
Nous fêterons nos retrouvailles sans mesure,
Et sans que rien ne nous dérange, bien sûr,

Ni les misères des enfants meurtris, des sans abris,
Ni les conflits aux quatre coins du monde,
Ni la solitude des vieillards qui se morfondent.
Nous rirons, bienheureux, à la table bien garnie.

Bien sûr nous raconterons nos ennuis, nos blessures,
Le temps qui court, le quotidien et ses déboires,
Un toast à la main et dans l'autre un verre à boire,
Entre dentelles et coussins de velours, bien sûr.

De l'observation d'une pie, en hiver.

LA PIE

Premier jour d'hiver
Et le temps s'est teint de gris,
Infiniment,
Rempli de vent
Et de pluie
Dans si peu de lumière.

Pourtant, une pie s'attarde
Sur une branche,
Avec ses plumes se balançant
Tranquillement,
Avec ses plumes noires et blanches,
Pavoise et bavarde.

Mais à qui, mais à quoi,
Dans cette pluie
Et ce gris,
Dans ce vent
Infiniment,
Parle-t-elle sans l'abri d'un toit ?

À Bruxelles, je quitte mon fils qui s'en va sur un quai de gare.

VERS L'AMÉRIQUE

Un escalator, rien que quelques marches, et c'est déjà trop de distance.
Puis il va sur le quai, ralenti par le poids de ses bagages.
Comme c'est douloureux de voir partir son fils vers un train qui s'avance,
Qui le prendra, qui l'emportera, l'enlèvera comme un otage.
Quand le reverrai-je est ma tristesse, ma déchirure.
Et puis sa main se lève parmi les autres, passagers indifférents,
Pour un dernier signe. Sur la pointe de mes chaussures
Je me grandis, m'élève pour lui montrer la mienne, tremblante dans son gant
De laine. Puis, il disparait comme s'il était déjà de l'autre côté de la terre,
Au bout de son voyage par dessus les mers.

Le pouvoir de quitter la pesanteur.

LÉGÈRETÉ

Être le silence des nuages,
Le vol de l'oie sauvage,
Léger comme un rêve.
Être la brume qui se lève,

Comme l'aigrette des champs,
Légère, légère,
Et comme le papillon blanc
Qui batifole, qui erre.

Être la brise de passage,
Un rai de lumière, un mirage.
Être la légèreté de l'espace
Où viendra l'étoile fugace.

Le présent comme certitude.

L'AVENIR

L'avenir ne dit jamais rien, muet comme
le silence,
Pourtant il n'est pas loin, à peine à
quelque distance.
Il attend que tu t'approches, puis il se dévoile,
devient présent,
Et sans aucune anicroche te dépasse
inexorablement.
Tu le prendras comme un espoir, parfois comme
un doute,
Parfois avec des idées folles et noires que
tu redoutes.
Et puisqu'il est fait d'invisible, et de rêves, et
d'incertitude,
Reste dans ce qui est paisible ! Le maintenant et
son exactitude.

Dans l'attente du printemps, avec impatience.

QU'ATTENDRAI-JE ENCORE ?

Qu'attendrai-je encore,
Si ce n'est la renaissance des fleurs
Et le soleil des aurores ?
Le temps s'en va, l'hiver se meurt.

Mais, ce sont aussi les crépuscules
Que j'attendrai, quand tout s'endort,
Quand à l'horizon les nuages brûlent
Et que le ciel se décolore.

Une souris en quête de nourriture pour ses petits.

CRUELS DESTINS

Petite comme qu'un quart de pomme,
Elle s'en alla sur le pré vert
Cherchant provende après l'hiver.
Mais, craignant le pas des hommes,
Mêlée au tumulte des courants d'air,
Elle se faufila comme une vipère.

Aussi brune qu'une feuille sèche,
Dans l'ombre de l'herbe fraîche,
Pour quelques graines de misère,
Risquant sa vie pour ses petits,
Elle entra par une brèche
Entre les bois de l'appentis.
Mais elle trouva la griffe du chat
Et non le pas des hommes.
Sous des mousses et des échalas
Ses petits faisaient un somme.

Regarder, écouter, ressentir. Se laisser envahir d'une nuit de mai.

NUIT DE MAI

Nuit de mai, ô douce nuit de mai,
Laisse-moi entrer dans tes ombres
Fugitives, dans la pénombre
Des rues et leur silence épais !
La lune veille puis repart
Entre étoiles et nuages épars.
Laisse-moi prendre ce moment
Avant que l'aube ne le reprenne !
De tout mon être profondément,
Laisse-moi sentir l'haleine
Des fleurs qui respirent lentement !

Même si la matière s'en va, le souvenir reste.

D'UN INSTANT

Qu'importent si ce n'est que de la terre,
Du marbre, du sable, du verre,
Qu'importe la grandeur d'un mausolée.
Qu'importent si ce n'est qu'un bûcher,
Un simple linceul,
Une offrande aux oiseaux, un cercueil.
Qu'importent le lieu, la matière,
Une pyramide, un fleuve, un océan,
Une sépulture ordinaire.
Il me suffit d'un instant
Pour me souvenir
De ton visage, de ton sourire,
De ton regard aux yeux verts,
Puisque le temps est là pour tout défaire.

Aller là-bas vers l'aube, là où la lumière est changeante.

L'AUBE

Ah! S'il m'était donné de m'envoler vers l'aube,
Miraculeusement,
Là-bas dans ce liseré rose,
J'attendrais que vienne le soleil par delà
Les brumes, patiemment,
Pour voir la lumière en métamorphoses.

Un arbre a été coupé, et il manque.

MEUTRE D'ARBRE

Était-ce un tilleul ?
Était-ce un charme ?
C'était un arbre
Dont j'ai oublié le nom.
Il était immensément seul,
Grand, solide comme un marbre,
Et rempli de vacarme
Dès la belle saison.
Il aimait les écureuils,
Les merles et les mésanges,
Et quand chantait le bouvreuil
Ses ramées étaient aux anges.
Mais, maintenant qu'il est parti
Pour quelques flammes d'âtre,
Un grand silence a fait son nid
Sur ses racines verdâtres.

L'écriture était sa thérapie, et il en a perdu l'usage.

ORPHELINE

Désormais, ma main sera orpheline,
Elle a perdu l'outil de l'écriture.
Ses phalanges se meurent, chagrines
De tant d'épreuves, de tant d'usure.

Alors, que faire des mots qui la hantent,
Qui hurlent au bout de ses doigts ?
A jamais elle ne sera plus la voie,
Ni de ce qui pleure, ni de ce qui chante.

Adieu plume, adieu blanche page,
Adieu carnets et cahiers, adieu les lettres.
Que puis-je faire sans votre apanage ?
Vous étiez le miroir de mon être.

Être dans ce qui est, pour ne plus être soi.

DIFFÉRENT

J'aime ces matins quand le vent s'emmêle
Et que la lumière pleut.
Une magnifique paix s'installe, se repose.
Le silence est là dans toutes choses,
On dirait que l'endroit est heureux.
Je me pose, je l'écoute, il me prend,
Et je me laisse emporter.
Mais, c'est étrange! Je suis devenu différent,
Les mots ne me font plus penser.

Se mettre à l'écart où personne ne va.

INSTANTS D'ÉVASION

Marcher dans les fourrés,
Comme un animal,
Où les fougères et les genêts
Font un refuge idéal.
Marcher dans les endroits désertés
Par les pas et les regards,
Où nul n'a l'idée d'aller
Même au gré du hasard.
C'est une richesse, une aubaine,
Pour s'éloigner des villes
Et des voix humaines,
Loin des intérêts futiles.

Des petites fleurs dans la pelouse, à attendre le jour.

LES PÂQUERETTES

Combien sont-elles à attendre
Que l'aube reprenne sa place,
Pour à nouveau se détendre ?
Après une nuit dans l'herbe grasse,
La rosée et la fraîcheur,
Combien sont-elles à relever la tête
Refermée sur leur cœur ?
C'est leur douleur discrète,
Ce manque de lumière,
Ce tour de planète,
Avant d'ouvrir leur paupière
Et reprendre leur conquête.

Voilà l'endroit de l'innocence, appelée aussi par certains, rue d'Italie.

RUE TERRE ROUGE !
Je ne sais pourquoi.
Couleur de terre, couleur de pierre ?
Il était cette rue, cet endroit
Dont je suis fier,
Où ma belle enfance
Malgré moi
Me fait encore résonance.
Les jeux avaient leurs lois,
Surtout celle d'être ensemble,
En toutes saisons, en tous lieux.
Que le ciel luise, que le ciel tremble,
Il suffisait d'être deux.

D'une destinée des nuages.

NUAGES

Ils viennent de si loin
Chargés plus ou moins
De poussières et d'eau,
En hordes, en troupeaux,
Des mers, des océans,
Des lacs, des étangs,
Des forêts humides.
Les uns rapides,
Les autres plutôt lents,
Qui s'amuseront peut-être
À couler sur vos fenêtres.

Se retrouver chez soi, si seul un jour, sans personne à qui parler.

SI CLOS

Avant que tout me soit étranger, un jour,
Mon nom, mon visage, et vous, et vous,
Que tout me soit confus, ici et partout,
Et que la peur me gagne sans détour,

Seul dans mes longs quotidiens,
Si seul dans ma dérive, à soliloquer,
À espérer une présence, j'irai quêté
Un regard au bord de mon jardin,

Pour tenter quelques mots,
Quelques infimes bavardages,
Avec ce quelqu'un de passage.
Mon monde est si clos.

Et toujours cette éternelle question de la différence.
Mais l'école n'est pas là pour ça.

MON ESSENTIEL

Ils me disaient que j'étais dans les nuages,
Et même que j'étais souvent dans la lune.
Mais que voyaient-ils sur mon visage,
Un regard ailleurs, une infortune ?

Je les trouvais bizarres ces quolibets
De tous ces maîtres et professeurs,
Qui savaient bien sûr, avec fureur,
Voir les moments de mes échappées.

C'était pour moi comme une attirance,
Les chemins, les champs, la forêt, le ciel,
Ces beaux endroits de mes absences,
Le secret de mon essentiel.

Et toujours ce désir d'aller au-delà de soi.

DISPARAÎTRE

Il m'arrivait de penser à ne plus être,
À me fondre dans ce chemin comme le vent,
Dans les épis de blé, les coquelicots au champ,
À me répandre dans la lenteur des nuages,
À devenir toutes ces couleurs, ce paysage,
Là, dans une brisure du temps, disparaître.

Il me disait, rien que la plus simple des sépultures.

HUMBLEMENT

Juste un rectangle de terre
Entre les marbres lisses
Où quelques roses fleurissent
Dans un vase en fer.

Rien davantage,
Avec, en médaillon, une photo
Qui sourit aux gens de passage.
Rien de plus, rien de trop.

À peine un coin de terre
Pour ne pas prendre trop de place
Où, près du vase en fer
Viendraient des fleurs vivaces.

Il était parti en vélo, puis ce fut l'accident.

LA MORT DE L'AMI

Je suis toujours chez moi, et toi où es-tu ?
Moi je coupe mon bois, et toi que fais tu ?
Tu es parti précipitamment pour un rendez-vous imprévu,
Personne n'était au courant, tu es parti à ton insu.
Moi je suis toujours là au bord de l'automne,
Toi tu ne reviendras pas, et mes jours sont monotones.

Imaginons nos cendres dans le vent.

POUSSIÈRE

Oui, je serai de plus en plus petit,
Et j'irai tous azimuts
Comme la poussière qui poursuit
Les mouvements de l'air, sans but.

La poussière! L'as-tu déjà vue
Virevolter gaiement dans le soleil,
Dans quelques rais entre les nues,
Minuscule, quand le matin s'éveille ?

Si, si, je serai ici et là,
Parmi ce que tu vois et ne vois pas,
Dans le clair, dans l'obscur,
Et jusqu'aux confins de l'azur.

Je la regarde dans l'âtre. Et si elle était à l'origine de tout !

LA MOLÉCULE DIVINE

La cendre ne brûle pas, ne meurt pas,
Elle est l'âme du feu, la nourriture
Des espaces, l'élément le plus pur
Que rien ne détruira.

Et elle reviendra, en arbres, en fleurs,
En traversant les âges,
En herbe, en poussière de nuages,
En un immense panel de couleurs.

La cendre c'est l'origine,
C'est l'étincelle sans chaleur,
C'est l'infime qui deviendra grandeur,
La molécule divine.

L'enfant n'est plus.

EN COLÈRE

Ici, le silence est à toute heure,
Même quand le vent fait ses travers
En cascades de courants d'air
Au milieu des marbres et des fleurs.
Mais le cimetière est en alerte
Dans toutes les allées désertes.
Quelqu'un a franchi le portail
Dans un grand bruit de ferraille.
Attentives et curieuses,
Les effigies sont en émoi
À regarder passer dans le froid,
En cette matinée brumeuse,
Une jeune et nouvelle âme,
Sûrement en colère,
Qui arrive après un drame
Pour voir son corps sous la terre.

L'oeuvre de Tonio, un livre de chevet.

POUR SAINT-EXUPÉRY

Je regarde parfois le ciel, la nuit,
Quand les astres scintillent,
Patiemment, attentivement,
Quand la lune s'est endormie.
Et dans cet océan qui brille,
J'espère et j'attends,
Ardemment, longuement,
Un petit prince dans mes pupilles.

De l'observation d'un merle, dans l'herbe. Il ne semble jamais tranquille, loin de la hauteur des branches.

LE MERLE

Je sais que tu es là
Avec ton plus bel apparat,
Costume noir comme la nuit.
Je sais, tu t'inquiètes du moindre bruit,
Dressé dans l'herbe rase,
Avare du moindre geste,
Sous le ciel qui s'embrase
Et les arbres qui pestent.
Je sais, tu suis mon pas juste et lent
Jusqu'au moindre détail,
Et maintenant que la pluie mitraille,
Vite, tu reprends le vent.

Quelque espérance après mon âge. Plus de limites, que du beau, plus de nations, plus de peuples, toutes les couleurs de peaux...

LÀ OÙ J'IRAI

Là où j'irai il y aura le vent,
Brise légère, murmures
Dans les arbres et les champs,
Et des concerts d'oiseaux bien sûr,
Et des rires d'enfants.
Il y aura aussi des fleurs,
Des parfums, de la lumière
Sans ombre, de la douceur,
Et dans cet infini sans frontière,
Il y aura des âmes de toutes les couleurs.

Repas de vacances où les discussions sont presque impossibles. Alors, souvent, mon esprit s'éloigne.

AU RÉFECTOIRE

Il y a des gens,
Beaucoup, beaucoup trop.
Il y a ce bruit permanent
Et il fait chaud.
Certains passent, d'autres soliloquent,
Des verres s'entrechoquent.
Il y a des rires, de fortes paroles,
Et mon esprit s'envole.
Tout devient diffus, lointain,
Tout se met en retrait,
Comme si tout disparaissait
Du monde des humains.

Une rencontre de vacances. Et si nous faisions connaissance ?

RENCONTRE FORTUITE

Que pouvais-tu lire sur cette table,
De si passionnant,
Qui te rendait inabordable ?
Une revue, un roman,
Une lettre, un journal ?
Comme une statue assise
Loin des choses banales,
Tu étais sous l'emprise
De ta lecture, à l'ombre
Des grands pins,
Loin du grand nombre,
Et je te regardais, en vain.

C'était comme ça, il fallait participer aux besoins de la famille. L'étude n'était pas vraiment une priorité.

AU TEMPS DE MON PÈRE

Il me disait qu'il quittait l'école pour quelques mois,
Au temps des premiers beaux jours,
Qu'il avait dix ans la première fois,
Et qu'il revenait chez lui aux premiers labours.

Quitter sa famille était un arrache-cœur,
Me disait-il. Qu'il s'inquiétait, qu'il avait peur,
Et que tout ce temps sans étude
Chaque année devenait une servitude.

Il me disait qu'il allait gagner quelques sous,
Sous le soleil, sous l'orage,
Et que des heures durant dans les pacages,
Il était berger, une besace à son cou.

L'écriture n'est pas une panacée, mais elle peut être une aide.

JE SUIS MON POÈTE

Je ne suis pas le poète d'une rue,
Celui qu'on reconnaît comme voisin,
Ni celui d'un village ou d'une ville.
Je n'ai rien d'un poète connu,
De celui qu'on voit comme écrivain,
De celui qui a l'écriture facile.

Je ne suis pas le poète d'un pays,
Je ne suis pas dans vos livres.
Mais si parfois mes rêves s'enfuient,
Puis reviennent et m'obsèdent,
Ou alors si j'ai le mal de vivre,
La poésie sera mon remède.

Dans un réfectoire, des odeurs nous agrippent. Et elle, elle passe, parfumée.

DE TOI

Il y avait
Des odeurs de cuissons,
De plats fumants
De sauces et de sang,
Des odeurs de poissons,

Un mélange divers
D'effluves grossières,
De corps transpirés
À la peau hâlée.

Et soudain un soupçon
De parfum passe,
D'une fleur sans nom,
Un presque rien, et la trace
De toi s'éloignait .

Une comparaison entre deux professions.

SI J'AVAIS...

Si j'avais été instituteur
D'élèves ordinaires, brillants ,
Homme de lettres, enseignant...
Mais éducateur,
qu'aurais-je pu leur apprendre?
À des enfants autistes, mutiques,
De la poésie, de la musique?
Qu'auraient-ils pu comprendre?
Si j'avais été instituteur...,
Mais éducateur,
Sans cahier ni tableau noir,
D'enfants en grand désespoir,
Comment apprendre à lire, à écrire,
À des absences, des délires.
Si j'avais été instituteur...,

Beaucoup d'émotion à écouter Gabriel's Oboe d'Ennio Morricone.

D'UN HAUTBOIS

Je frissonne tant et plus,
Je m'élève, éperdu,
Je ne suis plus qu'un cœur.
Cet air me prend,
Et comme un enfant
Je pleure.

L'extraordinaire symphonie des oiseaux au printemps.

EN MON JARDIN

On dirait une cage d'oiseaux, portes ouvertes,
Avec dedans des buissons, des arbres comme
des perchoirs.
On pourrait croire que le bonheur s'est installé
du matin au soir,
Et que toutes les branches sont recouvertes
De sifflements, de gazouillis, d'accouplements,
De piaillements, d'envols permanents.
C'est la saison où naissent les nids
À peine cachés du soleil et de la pluie.
Alors, je me laisse envahir
Par les aubades, les sérénades
Que cet endroit peut m'offrir,
Avant que le printemps ne s'évade.

Des endroits de prédilection.

MES SOLITUDES

Comme attiré par les rues vides
J'allais sans faire de détours,
Sans dire pardon ni bonjour,
Vers quelques lumières timides,

Là-haut sur les pentes,
Pour me cogner aux nuages
Sur les sentiers qui serpentent,
Et croiser quelques bêtes sauvages.

Mais, c'est entre la mer et la grève,
Où les vagues font le métronome,
Que je faisais chanter mes rêves
En chassant mes vieux fantômes.

Un besoin de solitude pour aller vers soi.

ELLE AIME

La légèreté de la lumière,
Son chatoiement dans les ombres,
Ses rayons obliques qui éclairent
Quelques endroits des sous-bois sombres.
Elle en a fait son sanctuaire
Quand sa vie va de travers,
Quand son âme se brise,
Quand tout en elle s'effondre, s'épuise.

Dernier message avant une séparation.

DES MOTS SILENCIEUX

Un petit écrit d'hier
Laissé sur le pas de ma porte,
Des mots en vers
Entre quelques feuilles mortes.
Matin infiniment gris,
Brumeux sur toutes choses,
Et le clapotis de la pluie
Sur le toit de lauzes.
Tu étais venue me dire hier
En mots silencieux,
À peine quelques vers
Pour me dire adieu.

Son aveuglement fut sans espoir.

PAUVRE PAPILLON

Mais que fais-tu, inconscient ?
Ne vois-tu pas ce diamètre
De quelques centimètres !
Ne sois pas si insouciant !
Rentre, et tu te brûleras les ailes
En ce lieu insolite et cruel,
Sans ombre, sans être vivant,
Te cognant au verre incandescent !
Puis, tu vas te heurter plusieurs fois à l'étoffe
éclairée de l'abat-jour,
En plein désarroi, cherchant une sortie de
secours,
Comme en cage, affolé,
À jamais privé de ta liberté.

L'amour qui donne sens à la vie.

DORÉNAVANT

Vous l'ai-je déjà dit,
Ou peut-être écrit ?
Mon souvenir est incertain
Comme d'autres aussi.
La question, comme un cri,
A pris naissance dans ma vie
En ce printemps de juin,
Quand au petit matin tu es partie,
Quand sans un bruit
En ce jour de folie,
Sans bagage à la main,
Ton dernier souffle s'est enfui.
Oui, quel est le sens maintenant ?
Celui de chaque moment
Et de tous mes lendemains ?
Que serai-je dorénavant ?

Voilà notre monde moderne, avec le stress du petit matin.

N'OUBLIE RIEN !

N'oublie rien avant de t'en aller !
Ta pochette avec tes papiers,
-Ton permis, ta carte d'identité,
Ta carte bancaire, et ton briquet,
Tes cigarettes, ton porte-monnaie.
Allez ! Ne sois pas aussi distrait !
As-tu rechargé ton portable,
Regardé tes nouveaux messages,
Conclu de nouveaux partages ?
As-tu débarrassé la table ?
Le chat en ton absence
Pourrait faire bombance.
N'oublie pas ton repas de midi,
Et ton parapluie !
Avec ce temps incertain
Tu pourrais avoir des surprises,
Surtout en partant ce matin
Qui s'est réveillé dans la bise.
As-tu correctement fermé ta porte?
Et puis, ma foi, qu'importe !
Le temps te presse
Et ne rien oublier est une prouesse.

Le refus du dernier moment.

TU TE SOUVIENS
Comme nous aimions nos calembours,
Comme nous riions de nos bouffonneries !
Tu avais de la tendresse pour mon humour
Et moi pour tes drôleries.

Mais, tu sais, aujourd'hui, ta plaisanterie
N'est pas de celle que j'attendais.
J'aurais préféré une autre étourderie,
Quelque chose de moins imparfait.

Mais oui, pas celle où tu fermes les yeux,
Pas celle d'aucun mouvement,
Ni de ta poitrine ni de tes cheveux,
Mais juste quelques mots, simplement.

Alors bouge, parle, souris !
Ne reste pas si indifférente !
Dis-moi encore une facétie !
Ne me laisse pas dans la tourmente !

Comme si la vie avait un prix.

LA DETTE

Je crains que nous n'ayons une note à régler,
Au fil du temps, occasionnellement,
Comme si c'était le dû de notre histoire.
Parfois la facture est à redouter,
Pleine de blessures, de souffrances,
de tourments,
Comme s'il fallait payer par des déboires.
Parfois elle est plus légère,
Avec quelques égratignures au corps, à l'âme,
Des petits riens sans grande inquiétude,
Et sans que la vie ne perde sa lumière.
Mais parfois, c'est une dette de drames
Qui, inexorablement, devient une habitude.

D'une photo, d'un champ sous le ciel.

ALORS,
Je passerai aux dessus des champs
Comme un papillon,
Comme un oiseau s'en allant
Dans l'horizon,
Comme peuvent le faire les nuages
Poussés par des vents de passage.
Et je serai baigné de soleil,
Quand dans le ciel j'irai plus haut,
Où le bleu sera sans défaut,
D'où les champs ne seront plus pareils.

Le temps…qui va toujours trop vite.

TROP COURTS

L'inventeur des jours
Les a faits trop courts !
Voyez les aurores
Que le temps dévore
Si rapidement !
Les premières lueurs
N'ont pas assez d'heures
Pour le soleil levant.
Du blême il s'empresse
Au jaune, et bientôt
Il ira à vau-l'eau
Où le jour baisse,
Comme attendu
Par le crépuscule
À jamais rompu
Aux étoiles minuscules.

Dans son histoire émouvante il n'aura jamais vu de couleurs.

SANS LUMIÈRE

Qu'il faisait noir dedans,
À peine habité par des voix lointaines,
Et un métronome permanent
Qui faisait vieille rengaine !
Après tant de mois
J'ai espéré la lumière
Au bout de ce tunnel étroit,
En ouvrant les paupières.
Mais, tout restait sombre,
Et des paroles pleines de tristesse
Disaient que je ne verrais aucune ombre,
Et jusqu'au bout de ma vieillesse
Jamais de ciel, ni d'étoiles, ni de soleil,
Jamais de fleurs, jamais de visages,
Et serais à jamais privé des merveilles
Que la vie peut mettre dans son sillage.

Et tout commença ainsi.

LA NAISSANCE DU MONDE

Je suis arrivé en pleurant,
Trop froid, trop de lumière,
Trop d'espace évidemment.
Plus rien n'était comme avant.
Pas d'eau, trop d'air,
Des sons effrayants,
Et des mains sur ma chair
M'ont posé sur ma mère.
Je grelottais, infiniment perdu,
Où tout était de trop.
Et sur sa peau, éperdu,
Je ne ressentais rien de connu.
Puis, des doigts sur mon dos,
Tremblotants, rassurants,
Se sont mis à susurrer des mots,
Et tout devint plus chaud, plus chaud.

Un jardin à l'abandon.

PLUS PERSONNE

Les pavés sont peuplés d'herbe, de mousse,
Les allées rétrécies de lierre et d'orties.
Et depuis ce temps la vigne rousse
A envahi tout l'appentis.

Les feuilles mortes déposées ici et là,
Par tant d'automnes,
Ne craquent plus sous les pas.
Vois-tu, ici il ne passe plus personne !

Plus rien n'est taillé, plus rien n'est creusé.
Plus de semailles, plus de récoltes.
Tout est abandonné
Aux caprices de la révolte.

Une maison où la lecture se pose à chaque endroit.

DES LIVRES

Tu as des livres à tous les étages,
Trois paliers et le monde s'ouvre.
Tu as juste à tourner quelques pages
Et au bout de quelques lignes, tu découvres
Un auteur, une histoire, un pays,
Et te voilà hors de chez toi
Pour oublier les affres de l'ennui.
Encore quelques escaliers sous le toit,
Et te voilà dans les nuages, les étoiles,
À travers une lucarne élargie
Que tu libères de son épais voile.
Quelle merveilleuse chance, mon amie !

Jamais totalement écolier.

MA BUISSONNIÈRE

J'ai retrouvé mon école d'hier,
Celle dont j'étais peu fier,
Celle qui n'avait pas de mur,
Bâtie en pleine nature.

Et c'est à l'ombre d'un érable
Que je déposais mon cartable,
Ce poids qui blessait mon dos,
Ce lourd, ce trop lourd fardeau.

Mais à quoi pouvais-je rêver
En ce lieu si particulier
Quand l'indicible silence
Se mêlait à mes extravagances ?

Ce premier novembre que la majorité s'impose.

DEVANT VOTRE EFFIGIE

Seuls, reclus, mais jamais froid,
Jamais trop chaud sous votre toit.
Jamais dans le bruit ni dans la lumière
Dans votre maison sous la terre.
Jamais plus d'ennuis,
De tristesse, de soucis.
Jamais soif, jamais faim,
Plus d'aujourd'hui ni de lendemain.
Jamais d'habits, jamais nus.
À jamais disparus.
Mais des paroles s'avancent
Parfois, silencieuses
Comme des confidences,
Des pensées malheureuses,
Avec des larmes aussi
Devant votre effigie.

Comme un besoin de grand-père.

MON PETIT

Je ne veux pas perdre ton visage
Dans mes yeux,
Il est ma plus belle image
Quand je suis malheureux.
C'est tellement difficile parfois
D'être las, d'être vieux.
J'aime te revoir quelquefois,
Un instant, quand je le veux.
Je pose alors mon regard
Où je vais, où je suis,
Et tu arrives de là-bas, mon petit,
De trop loin, quelque part.

Il existe parfois dans les sous-bois une atmosphère particulière.

DANS L'ABANDON

Il y avait un flottement étrange
Dans la pénombre des sous-bois,
Aux bords des sentiers étroits,
Comme une respiration d'ange.

Je le voyais comme un mystère
Qui se mélangeait au silence,
Comme le passage d'une présence
Qui mettait les feuilles à l'envers.

Je m'arrêtais, entouré d'une haleine,
Interdit et pénétré de frissons,
Sans bouger, dans l'abandon,
Loin des préoccupations humaines.

En Auvergne, où a vécu mon père.

À LA FERME

Pour les uns c'était la montagne,
Pour d'autres c'était la mer.
Pour moi c'était à la campagne
Dans une ferme ordinaire.
Nous y venions à la belle saison
Quand juillet nous menait au champ.
Mais qu'il faisait chaud en ces temps
Pour les travaux de la fenaison !
J'ai le souvenir des fenils et du foin en vrac
Dans un halo de poussières,
Où les vaches défiaient les attaques
Des taons et des mouches guerrières,
Quand sous le joug, à perdre haleine,
Elles tiraient la remorque bringuebalante,
À grande peine,
Comme des forçats dans la tourmente.
J'ai aimé ces temps de vacances
Passés à la campagne,
Ces temps de mon enfance
Loin de la mer et de la montagne.

Chez le vétérinaire,...

JUSQU'AU AU DERNIER MOMENT

Comment pourrais-je ne pas lui rendre hommage
Pour ce qu'elle fut ? Mère sans défaut et père aussi,
Ses amants ayant disparu, à peine de passage
Pour quelques ébats dans le printemps fleuri.

À la brune, elle ne fera plus peur aux souris
Ni aux mésanges, aux merles autour de leur nid.
L'aube ne la verra plus revenir avec l'orvet,
Le campagnol, toutes ses victimes en trophées.

Comme elle fut digne ! Pleine de sagesse,
Dissimulant allez savoir comment,
Ses craintes, ses douleurs, sa détresse,
Résignée, si belle jusqu'au dernier moment.

Pour l'anniversaire d'une jeune fille.

AGATHE

Du printemps !
Tu viens du printemps
Comme on vient d'un pays
Où les fleurs habillent les prairies,
Les arbres, les jardins.
Du printemps !
Où dès ton premier moment
Entre des mains heureuses,
Dans ce monde incertain,
Tu commençais à être précieuse.

La musique comme enfermement, comme exutoire.

DANS UNE FORTERESSE

Il s'était absenté longtemps,
Son instrument aux lèvres.
Ses mains avaient la fièvre,
Possédées comme souvent
Par un torrent d'émotions.
De la lecture de sa partition
Nous arrivaient un mélange
De cris, de hurlements étranges,
Comme si son monde éclatait
En lambeaux épais.
Il s'était absenté longtemps
Pour dire son infinie détresse,
Enfermé dans son instrument
Comme dans une forteresse.

Oui, ma maman s'appelait marguerite.

TON PRÉNOM

Devant ta tombe, des marguerites à foison,
Des fleurs qui ont ton prénom
Et qui s'agitent. Tu es là, dix fois, vingt fois,
Cent fois autour de moi.
J'ai beaucoup de chance
D'être en ta présence.
Je tends l'oreille,
J'écoute et revois
Les moments d'autrefois,
Et nous voilà parmi les abeilles.

En ce jour d'automne, il attendait on ne sait trop quoi.

HABILLÉ D'OR

En ce matin frais,
D'un gris épais,
J'ai vu des nuages
collés aux champs,
Et une éclaircie
venue avec le vent
Faire danser
des chardons rebelles,
Et dans ce zeste d'aurore
Sur une clôture,
comme une sentinelle,
Un faucon habillé d'or.

Quelque part avec désinvolture.

RÊVEUR

Je disais des refrains,
Des tirades d'écrivains,
Je disais les poètes
Qui habitaient ma tête,
Et fredonnais les chanteurs
Entre les ailes du vent
Quand je partais, rêveur,
Dans les herbes des champs,
Loin des doutes et des rôles,
Loin des routes et du bruit
Et des lassitudes de l'ennui,
Jusqu'à la chevelure d'un saule.

Depuis mon adolescence, dans cet endroit se trouvaient pêle-mêle des écrits de tout genre.

MES FRAGILITÉS INTIMES

Il y avait tant de choses dans ce tiroir,
Des crayons, des lettres, des feuilles
Assemblées comme en un recueil,
Dormant depuis longtemps dans le noir.

Des écrivains en avaient fait un lieu
De citations célèbres, avec des passages,
Des extraits de leurs ouvrages,
Des aphorismes et adages talentueux.

Et moi, moi j'avais mis dans ce recueil
Des phrases en prose, des rimes,
Des extraits de mes fragilités intimes,
Sans prétention, sans orgueil.

ANNEXE : Quelques uns de ces écrits ont été illustrés par des photos qui, en général, les ont inspirées.
Vous les trouverez sur mon blog (https://draft.blogger.com/blog/posts/4668973516410907487) et sur YouTube (Trois poèmes, mis en musique).

Sommaire

LE LANGAGE IMPARFAIT	9
AU-DELÀ DU FOULARD	10
AMOUR ÉPERDU	11
À MON PÈRE	12
DANS LE FEU	13
J'AI RETROUVÉ	14
KELLY	15
L'IMPOSSIBLE MOI	16
LE POTALA	17
LA DERNIÈRE FOIS	18
MAMAN	19
MON SILENCE	20
PETITE GOUTTE	21
SOUS L'OMBRAGE DES HÊTRES	22
LA BRUME PLEUT	23
UNE ROSE	24
POUSSIÈRES DE CENDRES	25
AVEC LE VENT	26
L'ORAGE	27
LES CONGÈRES	28
À CACHE-CACHE	29
AU-DESSUS DE TOUT	30
DEVANT MA PORTE	31
LA GOMME	32
LE COQUELICOT	33

TONPARFUM	34
TON MONDE	35
À LA PREMIÈRE HEURE	36
PRÈS DE L'EAU	37
INVISIBLE	38
QUEL AFFRONT !	39
À SA MORT	40
L'INSTANT QUI FUIT	41
JUSQU'À L'AURORE	42
TE RETROUVER	43
ÊTRE	44
DE L'INNOCENCE	45
AVANT ? APRÈS ?	46
AVEC LA MER	47
COMME UNE PRÉSENCE	48
LE DERNIER JOUR	49
TRANSCENDANCE	50
LE LANCE-PIERRES	51
UNE OASIS	52
MA DÉRÉLICTION	53
DOUCEUR	54
C'EST LA NUIT	55
EN BORD DE MER	56
AMIS	57
FENÊTRE DE PAIX	58
LA FLEUR ET LE PAPILLON	59
INEXORABLEMENT	60
D'UN CHEMIN OBSCUR	61

MONDE INDIGNE	62
SI PRÉCAIRE	63
FORCÉMENT	64
D'UNE AMITIÉ	65
POUR LA TÉGÉNAIRE	66
L'ESCARGOT	67
APRÈS LA PLUIE	68
AU DIAPASON	69
ET TOUT S'ÉVEILLE	70
MÉMOIRE	71
SUR LE COUSSIN	72
EN BAS D'UNE PAGE	73
PERDUE	74
DU DESTIN DE L'ÂME	75
JE LIS ET LUI	76
LE RIDEAU BIGARRÉ	77
LA BISE	78
LE PAPILLON PRÉCOCE	79
COUPABLE	80
VOILÀ	81
MA DERNIÈRE FLEUR	82
LOIN DU RÉEL	83
NOËL D'ANTAN	84
SOUVENIRS DE NOËL	85
LA LUNE ET LE HIBOU	86
J'AIMERAIS	87
DU DÉCONCERTANT	88

INFINIMENT SEUL	89
LES ARBRES	90
LA CHENILLE	91
NOTRE ESCAPADE	92
LE BANC	93
UNE LETTRE	94
TU PLEURES	95
HABIT DE PASSAGE	96
LES VENTS	97
LA VOIX DES ANGES	98
DE MON IDENTITÉ	99
FIN DÉCEMBRE	100
LA PIE	101
VERS L'AMÉRIQUE	102
LÉGÈRETÉ	103
L'AVENIR	104
QU'ATTENDRAI-JE ENCORE ?	105
CRUELS DESTINS	106
NUIT DE MAI	107
D'UN INSTANT	108
L'AUBE	109
MEURTRE D'ARBRE	110
DIFFÉRENT	111
INSTANTS D'ÉVASION	112
LES PÂQUERETTES	113
RUE TERRE ROUGE !	114
NUAGES	115

SI CLOS	116
MON ESSENTIEL	117
DISPARAÎTRE	118
HUMBLEMENT	119
LA MORT DE L'AMI	120
POUSSIÈRE	121
LA MOLÉCULE DIVINE	122
EN COLÈRE	123
POUR SAINT-EXUPÉRY	124
LE MERLE	125
LÀ OÙ J'IRAI	126
AU RÉFECTOIRE	127
RENCONTRE FORTUITE	128
AU TEMPS DE MON PÈRE	129
JE SUIS MON POÈTE	130
DETOI	131
SI J'AVAIS	132
D'UN HAUTBOIS	133
EN MON JARDIN	134
MES SOLITUDES	135
ELLE AIME	136
DES MOTS SILENCIEUX	137
PAUVRE PAPILLON	138
DORÉNAVANT	139
N'OUBLIE RIEN !	140
TU TE SOUVIENS	141

LA DETTE	142
ALORS,	143
TROP COURTS	144
SANS LUMIÈRE	145
LA NAISSANCE DU MONDE	146
PLUS PERSONNE	147
DES LIVRES	148
MA BUISSONNIÈRE	149
DEVANT VOTRE EFFIGIE	150
MON PETIT	151
DANS L'ABANDON	152
À LA FERME	153
JUSQU'AU DERNIER MOMENT	154
AGATHE	155
DANS UNE FORTERESSE	156
TON PRÉNOM	157
HABILLÉ D'OR	158
RÊVEUR	159
MES FRAGILITÉS INTIMES	160